Die Seele Japans

»Im Frühling ist mir die Morgendämmerung am liebsten, wenn der dunkle Bergfuß langsam sichtbar wird. Dort lagert, purpurviolett schimmernd, ein lang hingezogener Nebelstreif.

Im Sommer lob ich mir die Nacht, und mich begeistert natürlich der helle Mond. Aber auch die Dunkelheit mag ich gern, wenn die Leuchtkäfer geheimnisvoll überall auftauchen. Sogar wenn es regnet, behält eine Sommernacht ihren Reiz.

Im Herbst ist der Abend am schönsten, wenn die sinkende Sonne ihre rötlichen Strahlen ausschickt und sich langsam den Berggipfeln nähert. In dieser traurig-schönen Stimmung sind sogar die Krähen lieblich anzusehen, die, zu zweit oder dritt vorüberfliegend, ihre Schlupfwinkel aufsuchen. Noch schöner sind natürlcih die Wildgänse, die in langen Reihen fliegen und ganz klein erscheinen. Wenn die Sonne verschwunden ist und nur noch der Wind sein Lied singt und das Zirpen der Grillen zu hören ist, wird mir ganz wehmütig zumute.

Im Winter mag ich die frühe Morgenstunde, besonders dann, wenn es schneit. Ich beobachte so gern die Diener, wie sie draußen, im frostigen, weißgestreiften Morgen eilig Feuer anfachen und die Becken mit glühender Holzkohle in die Zimmer tragen. Das gehört zu den echt winterlichen Bildern des Palastes der Kaiserin. Aber wenn gegen Mittag die Kälte nachläßt, das Feuer ausgeht und nur noch weiße Asche übrigbleibt, so finde ich diesen Anblick alles andere als erfreulich«.

*(Sei Shonagon (ca. 1000)

Diese Verse, mit denen das »Makura no Soshi«, das »Kopfkissenbuch« der Hofdame Sei Shonagon beginnt, geben die Atmosphäre am Hof der Hauptstadt Kyoto besser wieder als alle langatmigen Erklärungen.

* Übersetzung aus dem Japanischen von Mamoru Watanbé aus »Das Kopfkissenbuch der Dame Sei Shonagon«, in »Manesse Bibliothek der Weltliteratur«, Deutsche Verlags-Anstalt, Stuttgart.

Die Frische und Ursprünglichkeit, die aus diesen Versen spricht, findet man später nie wieder in der japanischen Kultur. Betrachten wir jedoch zunächst die Anfänge.

Der Ursprung

Japan war ursprünglich mit dem asiatischen Festland verbunden und wurde erst vor ungefähr zehntausend Jahren ein Archipel. Die ersten Einwohner waren Jäger, die in die Halbinsel eindrangen, um dort Tiere zu jagen und Früchte zu ersten, die es auf dem Festland nicht gab.

So wurde bereits in prähistorischer Zeit das Gebiet um den großen See besiedelt, dort wo sich heute die Stadt Kyoto erstreckt. Kyoto ist immer noch sehr wasserreich. Die Flüsse Kamo, Katsura, Iji und Kitsu, die von den Bergen herabfließen, umgeben die Stadt an drei Seiten und lassen nur im Süden des Tales einen Zugang frei. Spuren antiker Ansiedlungen findet man an den kleinen Seen im Norden der Stadt. Um das Jahr 200 v. Chr. wurde vom Festland die Technik des Reisanbaus eingeführt; Japan wurde sehr bald ein Bauernland, in dem jedoch der Fischfang in den reichen Gewässern der Küste und des Binnenlandes weiter betrieben wurde.

Gegen Ende des 3. Jahrhunderts n. Chr. entstanden im Süden und Südwesten der späteren Stadt Kyoto kleine Gemeinwesen, die den Kern des späteren japanischen Staates bildeten. Zur gleichen Zeit erreichen auch die ersten technischen Einflüsse des Kontinents die Inselwelt, wie z. B. das maschinelle Weben, die Seidenraupenzucht, das Destillieren von Alkohol, die Goldschmiedekunst und das Bauwesen; zusammen mit ihnen kam auch die chinesische Staatsethik auf die Inseln.

In der Gegend von Kyoto sind die ältesten noch erhaltenen Gebäude schintoistischer Tempel, die sogenannten *Jinja*. Die Ureinwohner glaubten, daß sich die Seelen der Toten in Geister verwandelten und diese Geister im Meer, in den Wäldern und Binnengewässern und im Gebirge wohnten. Jeder Ort, der sich durch irgend etwas Ungewöhnliches auszeichnete – ein Wasserfall, eine tiefe Schlucht, ein steiler Berggipfel – war eine geweihte Stätte, von der man glaubte, daß sie die Seelen der Toten beherberge. In der Gegend um Kyoto gibt es Beweise für die Existenz dieser uralten, bereits vor der Entstehung der Stadt bekannten Kulte: die Tempel Kami Kamo, Matsuo Kamo und andere Shinto-Tempel befinden sich an den Stätten dieser ersten, frühen Heiligtümer. In der primitiven Religion war die Natur selbst Kultobjekt, aber mit der Entwicklung des sozialen und wirtschaftlichen Lebens werden die Geister Kultobjekte, zuerst diejenigen, durch deren Schutz man sich eine gute Ernte verspricht, und dann die anderen, die Handel und Gewerbe beschützen. Mit der Niederlassung der Sippen und ihrer Festigung in kleinen politischen Gemeinwesen durchsetzt sich der alte Naturkult mit den Vorstellungen der Ahnenreligion, was das Entstehen von Tempeln als Kultstätten der Sippen begünstigt.

In den ersten Zeiten des Staates war die Hauptstadt »beweglich« und folgte den häufigen Ortsveränderungen des Hofes, denn der Ort, an dem ein Kaiser gestorben war, galt als unrein und somit als nicht geeignet, um Residenzstadt des neuen Herrschers zu sein.

Asuka, Fujiwara und Nara waren die ersten mehr oder weniger »festen« Hauptstädte.

Der Buddhismus

Der Buddhismus, eigentlich indischen Ursprungs, war von Korea aus im Jahr 552 n. Chr. nach Japan gekommen und stellte zusammen mit dem Konfuzianismus eine der beiden religiös-philosophischen Säulen dar, auf die sich der junge zentralisierte Staat gründete. Vor der Einführung dieser beiden religiösen Strömungen bestand die Religion der japanischen Bevölkerung aus einem vielschichtigen Komplex von Naturkulten und Schamanentum. Eine Differenzierung zwischen Politik und religiösen Zeremonien war fast unbekannt, das Wort *matsurigoto* stand gleichzeitig für »regieren« und »religiöse Riten feiern«. Der Begriff »Shinto« mit dem heute der Komplex der lokalen Naturreligionen bezeichnet wird (*shinto* bedeutet »Straße der Götter«) wurde erst nach Einführung des Buddhismus und Konfuzianismus geprägt. Den bedeutendsten Beitrag auf geistiger Ebene, den der Buddhismus der japanischen Kultur brachte, ist vermutlich das Prinzip der Transzendenz und der daraus folgenden Verneinung des Diesseits zugunsten des Jenseits, als Gegensatz zu der vom Schintoismus gelehrten Immanenz und Kontinuität zwischen Diesseits und Jenseits.

Der Buddhismus selbst erfuhr eine Veränderung durch den Kontakt mit den einheimischen Vorstellungen und Werten, blieb jedoch für die Kultur Japans immer eine eher zusätzliche Erscheinung, auch wenn er in der politischen und kulturellen Geschichte vor allem in den ersten Jahrhunderten der japanischen Nation oft eine tragende Rolle spielte. Große Staatsmänner und Denker wie Prinz Shotoku (574–622) waren es, die das Einigende in der buddhistischen Philosophie Japans schufen und dabei vollkommen unterschiedliche Elemente miteinander verbanden, um so die Energien eines ganzen Volkes für die kommenden Jahrhunderte zu kanalisieren und ihnen einen beständigen Ausdruck zu geben. Die Verschmelzung von Buddhismus und Schiontoismus hielt bis zu Beginn der Meiji-Epoche (1868–1912) an, als der Staat die offizielle Trennung bestimmte. Im täglichen Leben der Bevölkerung jedoch besteht die Verbindung noch, und es ist eine häufige Praxis, mit schintoistischem Ritus zu heiraten und sich nach buddhistischem Ritus, das heißt durch Verbrennen, beerdigen zu lassen.

Der Buddismus ist zu Anfang als Kulturträger von entscheidender Bedeutung, denn mit ihm kamen die chinesischen Schriftzeichen und die in dieser Schrift geschriebenen Werke nach Japan. Ein weiteres Merkmal für die erste Zeit des Buddhismus in Japan ist seine Rezeption ausschließlich durch die gehobenen und gebildeten Bevölkerungsschichten sowie seine enge Verbindung zum Staat. In dieser Hinsicht unterscheidet er sich von allen anderen Buddhismus-Formen in der Welt. Der Staat kontrollierte auch die Ernennung der neuen Mönche, und es scheint, daß diese, wenigstens in der ersten Zeit, nur eine Art magische Versöhnungsfunktion bei den staatlichen Zeremonien innehatten. Um das Jahr 760–780 jedoch war die Macht der Priesterschaft, die zum großen Teil aus den adligen Familien stammte, ungeheuer groß und ihre Präsenz in den Strukturen des Staates ganz erheblich. Kaiser Kammu, der von 781 bis 806 herrschte, erwählte Nagoaka, im Norden von Nara, als neuen Sitz für seine Hauptstadt, um der unheilvollen Einmischung des religiösen Establishments ein Ende zu setzen.

Nagaoka war als Hauptstadt nicht vom Glück gesegnet; ein Mord warf ein böses Omen auf die neue Stadt, so daß eine abermalige Verlegung notwendig wurde. Dieses Mal übersiedelte der Hof an das Ostufer des Flusses Katsura; die neue Stadt, die dort emporwuchs, erhielt den Namen Heian-kyo.

Heian-kyo und Kyoto

Kyoto, wie die Stadt später genannt wurde, bedeutet »Hauptstadt«, während Heian-kyo »Hauptstadt der Stille und des Friedens« bedeutet. Heian-kyo blieb Japans Hauptstadt bis zum Jahr 1868, 1004 Jahre lang und während der Regierungszeit von 72 Kaisern, mit Ausnahme einer kurzen Periode, in der der Hof im Exil weilte. Die Stadt wurde, wie bereits Nara, nach dem Vorbild der chinesischen Metropole Ch'ang-an angelegt, es wurde der rechteckige Stadtplan und das Schachbrettraster für die Straßenzüge übernommen; ebenso erbaute man den Kaiserpalast in der Mitte des nördlichen Stadtsektors. Der Fluß Kamo, der das ausgewählte Gebiet von Norden nach Süden durchfloß, wurde in das Bett des weiter östlich fließenden Flusses Takano umgeleitet. Es blieb eine trockene Fläche von ca. 4, 5 Kilometer Breite und 5,2 Kilometer Länge entlang der Nord-Süd-Achse.

Die neue Hauptstadt wurde im Oktober des Jahres 794 n. Chr. eingeweiht, und der Kaiser übersiedelte mit seinem Hof in die heute seit langem zerstörten kaiserlichen Paläste. Heian-kyo war durch eine 85 Meter breite, entlang der Mittelachse verlaufende Straße in zwei Hälften geteilt und in 1216 quadratische Häuserblocks (*machi*), die durch die rechtwinklige Kreuzung der Hauptverkehrsader mit den Nebenstraßen gebildet wurden. Die Hauptstraßen waren mehr als zwölf Meter breit, um die Ausbreitung der durch das Baumaterial – Holz – häufig auftretenden Brände zu verhindertn. Die ursprüngliche Architektur wird in jedem Fall, auch nach mehrmaligem Wiederaufbau, beibehalten. Der Kaiserpalast und der Shinsen-en Park umschlossen achtundachzig Häuserblocks im Nordteil der Stadt. Am südlichen Rand befand sich das Rashomon-Tor, das bald durch Unwetter zerstört und nach 980 nie wieder aufgebaut wurde. Daneben standen die beiden einzigen im Stadtgebiet zugelassenen Tempel Toji und Saiji. Die Verlegung der Tempel von Nara sowie die Errichtung privater Tempel war verboten. Die ältesten Tempel Kiyimizu, Kurama und Takao wurden außerhalb der Stadt erbaut.

Es scheint, daß es zu Beginn neben den kaiserlischen Palästen keine unter ästhetischem Aspekt nennenswerte Gebäude gab. Auch der Kaiserpalast wurde mehrmals in seiner Geschichte vom Feuer zerstört; allein in den Jahren 999 bis 1015 brannte er sechsmal.

Noch vor der Gründung der Stadt im Jahr 782 war auf einem Berg nordöstlich der zukünftigen Hauptstadt ein Tempel errichtet worden, der Hiei-sanji, später Enryaku-ji genannt. Hier hatte ein Bonze mit Namen Saicho begonnen, nach seiner Rückkehr von einer Studienreise nach China (es war unter den Vornehmen üblich, nach China zu reisen, um dort die Quellen der chinesischen Kultur und des Buddhismus zu studieren) Tendai-shu zu lehren. Tendai ist die japanische Form des chinesischen T'ien-t'ai, was sowohl der Name eines Berges ist als auch der des Tempels und der Sekte, die vom Mönch Chi'i (538–597) dort gegründet wurde. Das »Lotos-Sutra« ist die buddhistische Schrift, in der die Tendai-Sekte wurzelt; schon bald jedoch wurde die Sekte von fremden Elementen beeinflußt, von tantrischen (magischen) Ritualen, von der Meditationslehre und Praxis und den Lehren der Kegon-Schule. Durch den Einsatz Saichos wurden die Tendai-Sekte und der Berg Hiei, auf dem das Kloster Hieisanji stand, der Mittelpunkt buddhistischer Studien in ganz Japan, trotz der Gegenwehr der Sekten von Nara. Der Berg Hiei sollte auch die Wiege weiterer buddhistischer Sekten in den folgenden Epochen werden.

Saicho hatte einen Gefährten im Kampf gegen die buddhistischen Sekten von Nara: Kukai (774–835), besser bekannt unter dem Namen Kobo Daishi. Kukai war der Begründer der Shingon-Sekte, deren Lehre voller metaphysischer Andeutungen, Meditationen und Zaubersprüche ist. Unter den traditionellen buddhistischen Sekten ist der Singhon-Buddhismus die für den Laien unverständlichste und am stärksten esoterische Glaubensrichtung. Grundidee von Kukais »Lehre des reinen Wortes« war die mögliche Transformation des menschlichen Körpers in Buddha, der sich im grenzenlosen Kosmos manifestierte.

Im Bereich der Kunst hinterließ der Buddhismus von Kyoto dauerhafte Spuren in der Kultur Japans. Das buddhistische Bildmaterial ist weiterhin noch stark vom Mandala beeinflußt (schematische Darstellungen des Universums, in der Form vieler Buddhas, vorherrschend der All-Buddha Dainichi Nyorai, im Sanskrit heißt er Vairocana. Als Standort für die Tempel wurden geheimnisumwobene Orte in den Bergen bevorzugt. Die Buddha-Darstellungen sind übermäßig bis in die kleinsten Details ausgearbeitet, was die Skulpturen plump und unnatürlich erscheinen ließ. Der Ausdruck des Gesichts ist dumpf-brütend, weit entfernt von den heiteren Darstellungen der Nara-Epoche. Kukai erhielt vom Hof den Toji-Tempel zugeteilt; er existiert noch heute, wenn auch nicht in der ursprünglichen, sondern in restaurierter Form. Der Lageplan der verschiedenen Gebäude ist den früheren Tempeln der Nara-Epoche gleichgeblieben. Andere Tempel der Shingon-Sekte kann man auf dem Berg Koya südlich von Nara sehen. Eine wichtige Eigenart der Tempelarchitektur sind die Dächer, die, ähnlich den Shinto-Tempeln, mit Schindeln aus Hinoki-Zypressenrinde gedeckt sind und nicht mit Ziegeln aus gebranntem Ton wie in China.

Die Heian-Epoche

In den Anfängen der langen Geschichte Kyotos kam zum Buddhismus der zweite große Pol der chinesischen Kultur hinzu: der Konfuzianismus. Er brachte die Ideologie der »vertikalen« Beziehungen, das heißt der Hierarchie zwsichen Oben und Unten, zwischen Vater und Sohn, Kaiser und Untergebenen. Bald nach dem Beginn der neuen politischen Richtung gegen Ende des 9. Jahrhunderts zeigt das Inselreich die Tendenz, sich vom Rest der Welt zu isolieren, eine Haltung, die es noch oft in seiner langen Geschichte einnehmen sollte. Die teilweise Abschottung Japans gegenüber China und Korea war vor allem auf die Krise zurückzuführen, von der die chinesische T'ang-Dynastie erschüttert wurde und auf die immer geringer werdende Notwendigkeit, kulturelle, religiöse und polititsche Anregungen aus China zu empfangen. Der Hof und die Welt von Heian-kyo erlebten somit

Jahrunderte der Isolation, die einerseits zu einer Einengung der Horizonte führte, andererseits aber dafür sorgte, daß die chinesische Kultur besser rezipiert wurde und sich mit der einheimischen vermischte, um die erste Blütezeit der japanischen Kultur hervorzubringen. Die japanische Kunst der vorhergehenden Epoche hatte sich die reiche chinesische Kunst zum Vorbild genommen, sowohl in der Plastik als auch in der Malerei und Architektur der großen Paläste. In der Heian-Epoche (794–1185) schwindet der Einfluß Chinas allmählich, besonders in der Malerei tauchen sehr originelle im Yamato-e-Stil gemalte Werke auf (Yamato ist der antike Name Japans und bedeutet Zeichnung, Malerei). Gegen Ende des 1. Jahrtausends erwächst mit der Entstehung des Kokinshu, einer Sammlung alter und neuer Gedichte, die japanische Literatur; es bildet sich aus einer Neuformung der Silberschrift der japanische Stil der Kalligraphie, so wie er noch heute geschrieben wird.

Wie man aus den wenigen, am Anfang zitierten Versen erkennen kann, sind die Ursprünglichkeit der Gefühle, das Staunen angesichts der Natur und die Aufmerksamkeit gegenüber geistigen Bewegungen, auch wenn sie noch so gering sind, ein charakteristisches Merkmal dieser Epoche, in der der Hofadel sich eine Welt geschaffen hatte, die vollkommen abgetrennt von der sozialen Wirklichkeit des Landes lebte. In dieser ästhetisierenden Welt, in der die Literatur einen wichtigen Platz als Kommunikationsmittel innehatte, bekleideten auch die sonst vom öffentlichen Leben ausgeschlossenen Frauen im Hofleben und in der Literatur einen bedeutenden Rang: Sei Shonagon und Murasaki Shikibu schufen die glanzvollsten Schöpfungen japanischer Sprache. Von Murasaki Shikibu stammt der große Roman und das klassische Meisterwerk der japanischen Literatur »Genji Monokgatari«, »Die Geschichte des Prinzen Genji« und von Sei Shanagon das anfangs zitierte »Kopfkissenbuch«. Die japanische Ästhetik jener Zeit, *Miyabi* genannt, erreicht ihren Höhepunkt in den Hofzeremonien von Kyoto. Ein Ausdruck des *Miyabi* war z. B. die Betrachtung der mit Geschmack und Raffinesse übereinander gelegten Säume des Kimonos der Hofdamen, die, da sie sich bei den offiziellen Zeremonien nicht zeigen durften, sich hinter Paravents verbargen, unter welchen nur der untere Teil der Bekleidung hervorsah.

Im politischen Bereich vollzieht sich im 9. Jahrhundert der Aufstieg der Sippe Fujiwara zur Macht, während sich ein Regierungssystem festigt, das fast die ganze Zeit des japanischen Staates hindurch andauern sollte: die Regentschaft durch Mitglieder der Adelssippen, die über Heiraten und Hofintrigen immer mächtiger werden und den Kaiser und seine Familie immer mehr in die Rolle der zeremoniellen Repräsentationsfigur abdrängen. Die Macht wird militärisch verteidigt, der Kaiser kommt weder in seiner wirtschaftlichen noch in seiner militärischen Stellung an die Position der wichtigsten Familien des Landes heran.

Fujiwara Michinaga (966–1027) ist der bedeutenste Vertreter seiner Sippe; sein Sohn Yorimichi (992–1074), der den Byodo-in-Tempel bei Uji erbauen ließ, ein großartiges Beispiel der Heian-Architektur, war fast fünfzig Jahre lang der asolute Herrscher des Landes. In jenen Jahren sollte auch das zweite Jahrtausend seit dem Tod Buddhas zu Ende gehen. Das Jahr 1052 wurde als das schicksalhafte Jahr betrachtet, welches das Ende des Weltgesetzes bringen sollte. Außerdem wurde das Land durch eine Reihe von Naturkatastrophen und Epidemien heimgesucht, während die Streitigkeiten der buddhistischen Sekten und die Unruhen im Nordosten es einer schweren Zerreißprobe aussetzten. Der Glaube an Amida Buddha, den Erlöser-Buddha und Retter der Menscheit auf ihrem Weg in die Verderbnis, hielt die Hoffnungen des Volkes aufrecht. Der Mönch Ennin (794–864) hatte nach seiner Rückkehr aus

China begonnen, von Buddha Amida zu predigen und von der Notwendigkeit, den Buhha in einfacher, häufig wiederholten Gebeten anzurufen, damit er die Erlösung erteile, die durch das ausgefeilte liturgische System des esoterischen Buddhismus nicht zu erlangen war. Es ist die Zeit, in der die Doktrin des »Reinen Landes im Westen« entsteht. Auch der Byodo-in muß unter diesem Gesichtspunkt betrachtet werden.

Allmählich verlor die Sippe der Fujiwara die in den vergangenen zwei Jahrhunderten gehaltene Machtstellung; andere Adelssippen wie die Taira und Minamoto begannen, sich die politische Macht anzueignen. Auch die Klasse der Samurai, der von den Adelsfamilien zur Verteidigung der eigenen Interessen gerufenen Krieger, wurde immer gewichtiger im politischen Leben. Im Jahre 1192 verkündeten die Minamoto, die in einer heldenhaften Schlacht die Taira besiegt hatten, ein neues politisches Zeitalter und verlegten den Sitz ihrer Militärdiktatur weit entfernt von der verführerischen Metropole Heian nach Kamakura, nahe dem heutigen Tokyo.

Die Kamakura-Epoche

In der Kamakura-Epoche (1185–1333) verzeichnet man den Beginn des japanischen Feudalismus, der ähnliche Formen annimmt wie das gleichzeitige abendländische Feudalsystem. Das polititsche Leben zieht sich immer mehr aus Kyoto zurück, das kulturelle, soziale und wirtschaftliche Leben des Landes jedoch hat seinen Mittelpunkt weiterhin in der Stadt. Der Fluß Kamo ist nicht länger die östliche Begrenzung Kyotos, die Wohnungen ziehen sich bis an die Hänge der Berge hin, die im Osten die Ebene von Kytoto begrenzen. Der Kiyomizudera-Tempel, bei dessen Erbauung die Morphologie der umgebenden Landschaft äußerst geschickt berücksichtigt und die Anlage mit einbezogen wurde, steht nicht mehr allein: um ihn herum entstehen Häuser und weitere Tempel. Die Stadt ist nun, im Gegensatz zu früher, in Stadtviertel eingeteilt, die den einzelnen Berufsständen oder Gewerbezweigen gewidmet sind; es befindet sich darunter auch das «Viertel der Soldaten«. Mit den Nijo und Sanjo als Grenzstraßen teilt sich die Stadt nun in eine nördliche, vornehme Hälfte mit dem Kaiserpalast und eine südliche, volkstümlichere Hälfte.

Seit Beginn ihrer Geschichte bis zur Kamakura-Epoche hatten die beiden buddhistischen Sekten Shingon und Tendai das Monopol im religiösen Leben der Hauptstadt. Im 12. und 13. Jahrhundert entstanden jedoch weitere religiöse Bewegungen und Formen, die dem Monopol ein Ende setzten. Diese Entwicklung führt zu einer stärkeren Verbreitung des Buddhismus, da jetzt auch das Volk Zugang hat zu den Tempeln und religiösen Riten, die bis dahin nur dem ausgewählten Kreis der oberen Klassen vorbehalten waren. Die wichtigsten Sekten waren der Jodo-shu, der Jodo Shin-shu, der Zen- und der Nichiren-Buddhismus.

Dem Mönch Honen (1133-1212) gelingt es, die verschiedenen Strömungen auf den Kult des Buddha Amida, des Erlöser-Buddha, zu vereinen. Honen führte den Buddhismus auf zwei Begriffe zurück: *Jiriki* und *Tariki*, das heißt Erlösung allein durch die Willenskraft des einzelnen oder Erlösung durch den Glauben an Amida Buddha und seine Barmherzigkeit. Honen wählte die Letztere der beiden Möglichkeiten, da sie allen Gläubigen zugänglich ist durch einfache religiöse Praktiken, vor allem durch die ständige Wiederholung einer kurzen Gebetsformel, »Namu Amida Butsu« (Ich bitte Amida Buddha). Honen war der erste Religionslehrer Japans, der mit der Wahl einer Möglichkeit die zweite ausschloß. Der Gründer der Sekte Jodo Shinshu (Wahre Sekte des Reinen Landes), Shinran (1173–1262), führte den Gedanken Honens vollkommen zu Ende. Shinran rückte von der Unterscheidung der Begriffe *Jiriki* und *Tariki* ab und arbeitete eine Doktrin der Vorbestimmung aus, nach der der Mensch durch die unendliche Barmherzigkeit Buddhas in jedem Fall erlöst wird. Shinran lehrt, daß im täglichen Leben kein großer Unterschied bestehe zwischen dem Leben innerhalb und außerhalb eines Klosters; deshalb heiratete er auch und hatte Kinder. Nach ihm erlaubten fast alle buddhistischen Lehren den Priestern die Eheschließung. Die von Shinran gegründete Sekte bleibt bis zum heutigen Tag die bedeutendste, gemessen an der Zahl ihrer Gläubigen.

Der Zen-Buddhismus, die im Westen geläufigste Form aller buddhistischen Lehren, entstand aus der Verneinung jeder philosophischen Doktrin und jeder formalistischen Liturgie mit dem Ziel, den Buddhismus allen nahzubringen. Der Zen vertrat die Idee der Erlösung durch eigene Willenskraft (*Jiriki*). Der japanische Zen teilte sich in die Schulen Soto, Rinzai und Obaku auf. Esai (1141–1215), der Gründer der Rinzai-Schule, verkündete seine Lehre vor allem unter den Adligen; in dieser Lehre fanden die Krieger die Methoden der Konzentration, die von da an mit den Samurai identifiziert wurden. Tatsächlich war der Zen eine indische Meditationsmethode; nur in China und Japan wurde diese Methode zur buddhistischen Lehre.

Der letzte große Sektengründer in der Kamakura-Epoche war Nichiren (1222–1282). Dieser streitbare Wanderprediger und Verkünder der Hokke-Schule, die das gleichnamige Sutra in den Mittelpunkt ihrer Lehre rückte, versuchte, die Militärdiktatur (oder Shogunat) von Kamakura zur Reformierung des japanischen Buddhismus in seinem Sinn zu bewegen. Er handelte sich dafür die Verbannung auf der Insel Sado im Japanischen Meer ein, weit weg von allem kulturellen und politischen Geschehen. Die Zahl der Anhänger seiner Lehre jedoch nahm auch nach seinem Tode ständig zu, und in der zweiten Hälfte des japanischen Mittelalters wurde die Sekte durch die Klasse der Kaufleute aus Kyoto und den anderen Städten gestützt.

Die Teezeremonie

Zur gleichen Zeit entwickelte sich der Cha-no-yu, die Teezeremonie; sie bestand darin, daß der Tee nach einem ausgeklügelten und zugleich einfachen Zeremoniell getrunken wurde, in eigens zu diesem Zweck errichteten Räumen, meist kleinen, einfachen und erlesenen Zimmern. Die Teezeremonie hatte ihren Ursprung in den Tempeln des Zen, wo sie die Vertrautheit der an der Zeremonie Teilnehmenden untereinander und die Konzentrationsfähigkeit während der Meditation steigern sollte. Diese Tradition erlebte ihren Höhepunkt im ausgehenden 16. Jahrhundert durch Sen no Rikyu (1521–1591). Die Teezeremonie stellte nicht nur einen Augenblick der Ruhe dar in den Verrichtungen des täglichen Lebens; in Japan war sie sehr bald gleichbedeutend mit äthetischem Genuß, mit »einem einsamen und zugleich von sanfter Traurigkeit überschatteten Leben, dessen äußerer Aspekt ländlich ist«. Anfänglich wurde der Tee wegen seiner anregenden und stärkenden Wirkung getrunken; allmählich überwog jedoch immer mehr der soziale Aspekt. Tee in der richtigen Schale in einem geeigneten Raum anbieten zu können, war ein Zeichen von Raffinesse unter den Adligen und den Samurai.

Das japanische Mittelalter hatte in den Dörfern begonnen, aber die moderne Ära nimmt ihren Anfang in Kyoto, das zu Beginn des 15. Jahrhundert etwa hunderttausend Einwohner hatte. Es gab keine Straßenpflasterung, weshalb auch die Hauptstraßen bei regnerischem Wetter schlammbedeckt waren. Die Häuser der Bewohner waren noch ohne *Tatami*, jene gepolsterten Matten aus den Tempeln und den Häusern der Adligen und der Samurai. Die Häuser besaßen kein Fundament, die Wände waren unverputzt und die Holzbretter von Zimmerleuten bearbeitet, die auch die Holzkontruktion der Häuser errichteten. Die Dächer wurden mit Stroh und später mit Holzschindeln gedeckt. Die Stadt war, wie bereits erwähnt, in *Machi* unterteilt, in Häuserblocks, die eine gewisse Entscheidungsfreiheit in lokalen Fragen hatten; dabei wurden Komitees gebildet, die bald den Kern der Tätigkeit des Gemeinwesens darstellten. In den Innenhöfen, die meist vier Häuserblocks miteinander verbanden, entwickelte sich ein intensives soziales Leben über die Grenzen des jeweiligen Komplexes hinweg. Die Pflege der Gärten, von denen die Häuser der Adligen und die Tempel umgeben waren, begünstigte das Entstehen der japanischen Gartenbaukunst, die in der Muromachi-Epoche ihre Blütezeit erlebte.

Die Epoche Muromachi

In den ersten Jahrzehnten des 12. Jahrhunderts versuchte Kaiser Go-Daigo (1318–1339), wie um das Jahr 1100 bereits die Kaiser der Insei-Epoche (in der ein Kaiser nach seiner Abdankung durch seinen Nachfolger weiter regierte), die politische Macht für die kaiserliche Familie zurückzuerobern. Es gelang ihm nur zum Teil: Kamakura fiel, aber die Macht wurde aufgeteilt. Ashikaga Takauji, der unzufriedene und enttäuschte Bundesgenosse des Kaisers, wandte sich gegen diesen und marschierte auf Kyoto. Go-Daigo floh in den Süden, und mehrere Jahre hindurch gab es zwei Höfe in Kyoto und Yoshino, während der Kampf weiterging. Schließlich verlor Go-Daigo und wurde auf eine weit entfernte Insel verbannt. Ashikaga Takauji gründete die Dynastie der Ashikaga-Shogunen, die das Land bis 1573 regierten.

Die Regierung der Ashikaga war von keinem günstigen Stern begleitet, und das Volk rebellierte wiederholt. In der Zeit zwischen 1459 und 1461 wurde das Land von Hungersnot und Katastrophen jeder Art heimgesucht. Bei der Revolte zu Beginn der Onin-Epoche (1467) und bei der folgenden von Bunmei (1485) wurde Kyoto zum Schlachtfeld der gegnerischen Gruppen: auch die rivalisierenden religiösen Sekten schickten Mönchssoldaten ins Feld, die den polititschen Streit nährten. Während der Revolte von Onin erfuhr Kytoto die verheerendsten Verwüstungen seiner langen Geschichte; fast alle Gebäude wurden niedergebrannt und von den ursprünglichen Bauwerken blieb fast nichts erhalten.

Die rasche Folge neuer politischer Richtungen brachte auch auf kulturellem Gebiet neue Impulse, wo die Klasse der Krieger eine führende Rolle übernahm und wichtige Einflüsse aus dem China der Ming-Dynastie erhielt. Diese Phase, deren Zentralfigur der Shogun Ashikaga Yoshimasa (1436–1495) ist, wurde unter dem Namen Higashiyama-Kultur bekannt, während die Periode des Ashikaga Yoshimitsu (Grosvater von Yoshimasa, 1358–1408) als Kitayama-Periode bezeichnet wird. Im Jahr 1397 läßt Yoshimitsu den dreigeschossigen Goldenen Pavillon erbauen. Dieser Pavillon, dessen Außenwände vergoldet waren, gehörte zu einem Komplex privater Gebäude, die ein einzigartiges Beispiel für die Integration der Heian- und Kamakura-Kunst darstellt, der Architektur der Adeligen und derjenigen der Samurai. Der Pavillon, heute obligatorisches Ziel von Touristen aus aller Herren Länder, wurde nach dem Zweiten Weltkrieg durch einen Brand zerstört, aber sofort nach altem Vorbild wieder aufgebaut. Nur das Fehlen der Patina nimmt ihm etwas von seiner Großartigkeit. Yosihimitsu war ein großer Förderer der Künste und der Künstler: ihm ist es zu verdanken, daß einige der höchsten Audrucksformen japanischer Kunst zum kulturellen Erbe der ganzen Menschheit gehören. Das ist der Fall beim No-spiel, das von Kan-ami und seinem Sohn Zeami (1363–1443) zur höchsten Vollkommenheit gebracht wurde. Aus verschiedenen bereits existierenden Formen des Schauspiels entfaltet sich das japanische Theater, in dem der Einfluß des Zen die Gestik bestimmt und der Shingon-Buddhismus in den Gewändern und Masken zum Ausdruck kommt, sowie in der hochstilisierten und zurückhaltenden Aufführungspraxis. Auch die Malerei erfuhr einen ihrer Höhepunkte mit Sesshu (1420–1506), dem Meister, der nach seiner Studienzeit in China die Tuschmalerei zu höchsten Vollendung führte. Die Tradition der Tuschmalerei, der »hingeworfenen Tusche«, wird mit der Kano-Schule fortgesetzt, die vor allem in der Momoyama-Epoche tätig ist.

Ginkaku-ji hieß die Villa, die sich Ashikaga Yoshimasa erichten ließ, als er sich von der Politik zurückzog. Das Hauptgebäude, der Ginkaku, ist dem Kinkaku nachgebildet, jedoch bedeutend kleiner und von einem erlesenen, vom Gartenbaukünstler Soami geschaffenen Garten umgeben. Das Haupthaus besteht aus zwei Stockwerken, das erste im Shinden-Stil, das zweite im chinesichen Zen-Stil. Unter Shinden-Stiel versteht man die Bauweise, in der die Wohnhäuser der Adligen von Kyoto bis um 10. Jahrhundert erbaut wurden. In seiner weitesten Form umfaßt er eine Reihe von Wohngemächern, jedes mit einem eigenen Badezimmer und mit den anderen Räumen durch Korridore verbunden, an denen weitere kleine Räume liegen. Das mittlere Zimmer war dem Hausherrn vorbehalten, der auf diese Weise die Kontrolle über alles hatte, was im Haus vor sich ging. Die seitlichen Korridore verbanden das Zimmer mit den beiden Seitenflügeln, die den Hof wie ein auf den Kopf gestelltes »U« nach Süden hin abschlossen. Die Gärten der Heian- und Kamakura-Epoche spiegelten die visionäre Architektur ihrer Zeit wieder. In der Epoche Muromachi entsteht die Idee, »die Entfernung von dreißigtausend Li auf die Größe einer Handfläche zu verringern« (1 Li entspricht viertausend Kilometern). Die daraus entstehenden »trockenen Landschaftsgärten« (Kare-sansui) aus Felsen und Kies, die Meere, Flüsse und Inseln darstellen, sind nicht Bewegungsraum für den Körper, sondern Spielraum für den Geist. Sie enthalten keine vergänglichen Elemente, sie sind unveränderlich. Ein großartiges Beispiel dafür ist der Garten von Daisen-in.

In diesen Gärten bemerkte man auch den Einfluß der Gartenbautechnik, wie sie von den Sansiu-Kawaramono erfunden wurde. Diese gehörten aufgrund ihrer Tätigkeit als Schlächter oder Fellgerber zum »unreinen« Teil der Bevölkerung und mußten als solche außerhalb der Stadt wohnen, oft am Kiesbett eines Flusses, wo sie kleine Gärten aus Steinen und Felsen anlegten.

Die Momoyama-Epoche

Die Zeit der Wirren wurde durch das Werk dreier großer Männer beendet, die nach all den Unruhen der vergangenen Jahrhunderte den Integrationsprozeß Japans in die Wege leiteten und deren Epoche den Beginn der Neuzeit bedeutete.

Die kurze Momoyama-Zeit (1573–1603) umfaßt die Geschichte dieser drei Männer: Oda Nobunaga (1534–1582), Toyotomi Hideyoshi (1537–1598) und Tokugawa Ieaysu (1542–1616). Kyoto war immer noch Schauplatz der Machtkämpfe zwischen Sippen und Gruppen, aber die Auseinandersetzung hatte bereits ganz Japan ergriffen. Die drei Feldherren bauten in Kyoto und im ganzen Land Schlösser und Paläste und gründeten neue Städte. Keiner der drei war in Kyoto geboren, aber alle drei waren sie von Kyoto angezogen, denn wer die Hauptstadt in der Hand hatte, dem gehörte die Macht. Dem Charakter dieser Männer entsprach es, daß sie ihre Macht nach außen hin durch prunkvolle Bauten darstellten. Die Säle der Paläste wurden geschmückt mit dekorativen Gemälden auf Goldgrund; das Gold, Symbol der Macht, wurde auch zur Verzierung von Pfeilern, Holzwerk und Decken verwendet. Eingänge und Durchgangsräume tragen die Darstellungen wilder Tiere, die Räume für Begegnungen und die Wartesäle sind mit Blumen- und Vogelbildern verziert. Der Schmuck der

Gemächer, in denen der Herr des Hauses schläft, besteht aus Aquarellen und Darstellungen von Berglandschaften oder Figuren ohne Verwendung von Gold.

Die Schöpfer dieser Werke waren Malerwerkstätten, die berühmteste ist sicherlich die Schule der Kano-Sippe. Im Jahre 1787 veranstaltete Hideyoshi eine große Teezeremonie, an der mehr als tausend Personen teilnahmen: der Hauptsaal des Kitano-Tempels in Kyoto wurde zu dieser Gelegenheit ausgeschmückt, und sogar die kleinsten Gegenstände, wie zum Beispiel die Teeschäufelchen, waren aus Gold. In dieser Zeit erreichten Kunst und Kunsthandwerk den Gipfel der prunkvoll-materiellen Darstellung. Nun sind die reichen Kaufleute aus Kyoto, aus Saki (dem heutigen Osaka) und Hakata (auf der Insel Kyushu) die Auftraggeber und Protagonisten, unterstützt von den Feldherren, denen eine blühende und vor allem ihnen wohlgesonnene Klasse der Kaufleute und Gewerbetreibenden als Gegengewicht zur Macht des Adels und der Feudalherren sehr gelegen kommt. Die Shogunen vertrauen mehr auf die Stärke der Waffen und des Geldes als auf die Religion, und ihre Schlösser sind das Symbol ihres Geistes. Weithin sichtbar aufragend auf einem steil hochgeführten Steinfundament, umgeben von Wassergräben, erlauben sie es den Herren, das gesamte Gebiet zu kontrollieren, während für die Untertanen die Schlösser zum Sinnbild der Macht werden, der sie unterworfen sind.

Die Architektur folgt nicht mehr den Bedürfnissen der Religion und der Liturgie oder des Reichtums und Adels, sondern der Notwendigkeit des Krieges. Diese Schlösser sind mit Nahrung, Wasser und Munition über Jahre hinaus versorgt. Der oberste Teil des Schlosses, der Tenshu-kaku, stellt den Kern des Verteidigungssystems dar; außerdem befinden sich dort die Räume des Schloßherrn.

In der Momoyama-Zeit erlebt der *Shoin-zukuri* neue Verbreitung. Ursprünglich Meditationsraum in den Zen-Tempeln, findet der *Shoin* immer mehr Zugang auch in den privaten Häusern der Vornehmen und Samurai. Der *Shoin* ist ein durch *Tatami*, durch auf dem Boden ausgelegte Strohmatten gegliederter Raum, dessen wesentliche Elemente ein Lesebord und eine Regalwand bilden. Weiter kommt als unabdingbarer Bestandteil das *Tokonoma* hinzu, die Bildnische, festumrissener Platz für die Bilderrolle und das Blumengesteck. Dieser Raum diente vor allem dazu, Gäste zu empfangen und war deshalb der schönste Raum des Hauses.

Nachdem Hideyoshi seine Macht gefestigt hatte, begann er, eine Vermessung und Neuaufteilung des Landes durchzuführen. Er legte in Kyoto neue Straßen an, die das Stadtgebiet von Nord nach Süd durchliefen und die Häuserblocks noch einmal teilten, wodurch sie die heute noch erkennbare rechteckige Form erhielten. Hideyoshi verfolgte damit die Absicht, die Macht der Stadtviertel zu schwächen, die nach den religiösen Unruhen des 15. Jahrhunderts gefährlich stark geworden waren. Weiter ordete er den Wiederaufbau der zahlreichen, in den vergangenen Jahrhunderten zerstörten Tempel an. Schließlich errichtete er eine Befestigungsmauer, die die verschiedenen Flüsse und Berge um die Stadt Kyoto miteinander verband und die Residenz Hideyoshis, den Jurakutei, praktisch uneinnehmbar machte. In einer Art Wettstreit mit Nara erbaute er einen Pavillon, in dem eine riesige Buddha-Statue aus Bronze aufgestellt wurde, die an Ausmaßen dem Buddha Vairocana von Todai-ji in nichts nachstand. Um Material für diese Skulptur zu sammeln, ließ er Nägel, Waffen und Schwerter einziehen und entwaffnete auf diese Weise viele potentielle Feinde. Weitere, von Hideyoshi errichtete Schlösser: das Fushimi-Schloß in Momoyama, dem die Epoche den Namen verdankt, sowie das Schloß von Hime-ji, das eine der wenigen Schloßburgen ist, die nicht nur die Machtkämpfe der Zeit überdauerten, sondern auch der Zerstörung im Zweiten Weltkrieg entgingen.

Die Tokugawa-Epoche

Im Jahre 1603 verlegte Tokugawa Ieyasu den Regierungssitz in die Provinzstadt Edo, seit 1868 Tokyo genannt, und wieder einmal spielte sich das politische Leben auf zwei Bühnen ab. Japan zählte fast dreißig Millionen Einwohner, und die Straße zwischen den beiden wichtigsten Städten Kyoto und Edo war die verkehrsreichste Straße nicht nur Japans, sondern der ganzen, damals bekannten Welt. Ieyasu hatte zwar eine Reihe von Kriegen gewonnen und mächtige Bündnisse geschlossen, aber nicht einmal er war stark genug, um sich alle Herren des Landes zu unterwerfen. Er schuf deshalb einen Feudalstaat, der mit starker Hand von der Tokugawa-Sippe kontrolliert wurde. Um die verschiedenen *Daimo* (Großgrundbesitzer) nicht allzu sehr erstarken zu lassen und um ihnen keine Möglichkeit zu geben, Reichtümer zur Finanzierung von eventuellen Aufständen anzuhäufen, dachten sich Ieyasu und seine Nachfolger das System des *Sankin-kotai* aus, die Pflicht, sich regelmäßig nach Edo zu begeben oder enge Verwandte als Geiseln dorthin zu schicken, als eine Art Treuegarantie. Weiter wurde jeder internationale Handel mit der christlichen Welt verboten.

Im Jahr 1615 verkündete Ieyasu ein Edikt, mit dem er das Verhalten des Hofes und der Adligen streng reglementierte und kontrollierte; er schloß sie vollkommen vom politischen Leben aus, ermöglichte ihnen aber durch wirtschaftliche Sicherheit, die Künste und ihre Studien zu pflegen. Um den Tenno Go-Minoo, (an der Macht von 1611 bis 1629 und 1680 gestorben) entfaltete sich eine reiche kulturelle und künstlerische Tätigkeit.

In der Malerei dominiert anfangs die Kano-Schule mit Kano Tany, im weiteren Verlauf verfällt sie jedoch immer mehr in Manierismus. Neue, kreative und eigenständige Maler folgen, die durch großzügige Verwendung von Farben und die Wiederaufnahme einer jahrhundertealten Malertradition, des *Yamato-e*, eine neue Kunst schaffen, die Kunst des wohlhabenden und gebildeten Bürgertums. Der größte Maler Japans ist wahrscheinlich Tawaraya Sotatsu (? – 1643). Seine Arbeiten lehnen sich an die großen Klassiker der Literatur an. Seine monumentalen Bildszenen sind mit virtuoser Sicherheit geformt, die Farben intensiv und leuchtend. Sotatsu gehörte zur Künstlerkolonie Takagamine bei Kyoto, die unter der Leitung von Honami Koetsu arbeitete, einem großen Mäzen und Künstler, der besonders in der Kalligraphie einer der führenden Meister war. Mit Ogata Korin (1658 – 1716), dem Begründer der Rinpa-Schule, erreichte die japanische Malerei mit all ihren Stilformen, von der prunkvollen Dekoration bis zur minuziösen Naturstudie, ihren absoluten Höhepunkt.

Große, goldbedeckte Flächen stehen neben anderen, in denen auch nicht die kleinste Einzelheit ausgelassen wurde. Die Kurven geben die sanften Linien der Hügel um Takagamine wieder: mächtige, kühne Linien oder zarte, nur angedeutete Akzente. Die japanische Malerei trennte sich nie vollständig von ihren chinesischen Vorbildern; sie veränderte sie und bereicherte sie mit neuen Themen: Landschaft, Geschichte, Natur. Die meist verbreitete Bilderform war die Bilderrolle, die an den Wänden aufgehängt oder von rechts nach links aufgerollt wurde. Ein weiterer Träger für die Malerei sind in Japan die großen Flächen der Schiebewände und der Stellwände, die in allen Häusern vorhanden waren. Die japanische und chinesische Malerei haben eine Gemeinsamkeit: sie gehen von einer vertikalen Perspektive aus; deshalb sind die höchsten Punkte zugleich die entferntesten. Es fehlt ein fixer Punkt: der des Betrachters. Man sieht ein Bild so, als ob man sich darin bewegte; die Perspektive ändert sich ständig, je nach dem Punkt, an dem man sich befindet.

Neben der Malerei kommt in der Tokugawa-Epoche (1600 – 1868) der Textilkunst eine überragende Bedeutung zu. Da die Kimonos nicht figurnah geformt sind, weisen sie große, glatte Flächen auf, die von den Künstlern bemalt, bestickt und auf andere Weise verziert werden können. Die Kunst der Textilverzierung ist in Japan bedeutsamer als im Westen, da sie auch die Malerei beeinflußt. In der Architektur sind außer den bereits genannten Schlössern zwei weitere Bauten erwähnenswert: der Katsura Rikyi und der Shugakuin Rikyu, zwei Kaiservillen, die in ihrer anspruchsvollen Schlichtheit und in der harmonischen Einbettung der Bauten in den Garten die Krönung aller japanischen Teehausbauten darstellen. Es werden nun auch zweistökkige Häuser errichtet, und die Dächer werden zunehmend mit Ziegeln gedeckt. Der Samurai Ishikawa Josan erbaute, nachdem er sich ins Privatleben zurückgezogen hatte, die Einsiedelei Shisendo im gleichen Jahr, in dem den portugiesischen Schiffen die Landung an Japans Künsten verwehrt wurde (1641). Es begann nun die lange Zeit der Isolation Japans, die über zwei Jahrhunderte bis 1868 dauern sollte.

Der erste Teil der Tokugawa-Epoche war von einer künstlerischen und kulturellen Vitalität geprägt, die man als japanische »Renaissance« bezeichnen kann. Männer wie Suminokura Soan, Sohn des Ryoui, sind ein Symbol dieser Epoche. Soan veröffentlichte eine Neuauflage der japanischen Klassiker, und die Zusammenarbeit mit Koetsu und Sotatsu führte zu Werken eines künstlerischen Niveaus, wie es seitdem nie mehr erreicht wurde in der Geschichte des Landes. Yoshida Mitsuyoshi veröffentlichte ein Buch, das auf einfache Weise die Mathematik erklärte: das Buch wurde zum Bestseller der Tokugawa-Zeit. Der Reichtum der Stadt Tokyo kam außer vom Handel auch von der Industrie: im Stadtviertel Nishijin wurden die besten Stoffe der Zeit gewebt. In Kyoto öffnete das größte Kaufhaus des modernen heutigen Japan seine Tore, das Mitsukoshi, das unter dem Namen Mitsui Echigoya das erste Geschäft mit festen Verkaufspreisen war. Im 17. Jahrhundert jedoch beginnt Kyoto, an Bedeutung zu verlieren und 1868 verliert es auch sein tausendjähriges Privileg, den Kaiserhof in seinen Mauern zu beherbergen. Die Hauptstadt wird nach Edo verlegt, das nun Tokyo heißt, »Hauptstadt des Ostens«. Kyoto jedoch, die heilige Stadt in der Geschichte Japans, bleibt weiter die geistige Hauptstadt. Sie bleibt, zusammen mit dem wenige Kilometer südlich gelegenen Nara, die Wiege der Geschichte und der Kultur Japans.

Tawaraya Sotatsu, Der Gott des Windes und des Donners, Kyoto, Kennin-ji-Tempel

Seite 16 und 17: Kopf des Miroku Bosatsu im Koryuji-Tempel. Diese circa 84 cm hohe Holzstatue ist die älteste Skulptur Kyotos; sie könnte koreanischen Ursprungs sein. Ursprünglich lackiert, hat sie inzwischen ihre vielfarbige Patina verloren. Die Bosatsu *(indisch Bodhisattva) sind Wesen der buddhistischen Metaphysik, die, obwohl sie die Erleuchtung erreicht haben, noch nicht ins Nirwana eintreten, um anderen Menschen bei der Erringung des Heils behilflich zu sein.*
Unten Ansicht eines Pavillons des Koryu-ji-Tempels.

Unten der Kiyomizu-Tempel, der älter ist als Kyoto, da er in seiner ersten Form bereits 778 vor der Gründung der Stadt erbaut wurde, gehörte der buddhistischen Sekte der Hosso von Nara. Vielleicht ist das der Grund, weshalb er während der zahlreichen Auseinandersetzungen unter den rivalisierenden Sekten in der Hauptstadt Kyoto der Zerstörung entging. Die heute noch vorhandenen Bauten des Kiyomizu wurden nach einem Brand im Jahr 1600 wieder neu errichtet. Der Tempel ist einer der populärsten in Japan.

Zwei Ansichten des Kiyomizu, eines Meisterwerks des Momoyama-Stils. Auf den steilen Hängen eines Berges errichtet, benützte man den Höhenunterschied zur Anlage der berühmten Terrasse, deren Pfahlwerk in das darunterliegende Tal reicht, das im Herbst in üppigen Gelb- und Rottönen leuchtet. Diese großartige Bühne wurde vermutlich auch für zeremonielle Tanzdarstellungen benützt. Das wuchtige Dach, typisches Merkmal der östlichen Architektur, bestimmt den ästhetischen Anblick und sorgt für die Einheit des Komplexes. Das religiöse Zentrum des Kiyomizu befindet sich im Hondo, dem Hauptpa-

villon. Dort wird die Statue des Juichimen Kannon bewahrt, eine Gottheit des buddhistischen Pantheon, Symbol der Barmherzigkeit und Nächstenliebe, die in diesem besonderen Fall auch bei Geburtsschwierigkeiten hilft. Die Statue besitzt ein großes Gesicht und elf kleinere, von denen jedes einen anderen Ausdruck trägt, Sinnbild der verschiedenen Inkarnationen Buddhas.

Die Plastik als Kultbild spielte in der Heian-Epoche eine gewichtige Rolle. Die Einblock-Technik Ichiboku-zukuri, in der die Skulpturen gearbeitet sind, ist charakteristisch für diese Periode. Die Shinto-Gottheit (links) aus bemaltem Holz ist ein typisches Beispiel aus dem 9. oder 10. Jh. (Kyoto, Matsuno-o Jinja). Unten und folgende Seite zwei Bauwerke des Berges Hiei nordöstlich von Kyoto, wo im 8. Jh. ein mächtiger Tempelkomplex errichtet wurde, der Unheil und Unglück von der Stadt fernhalten sollte.

Auf dem Berge Hiei gründete der Mönch Saicho nach seiner Rückkehr von einer Studienreise nach China die buddhistische Sekte Tendai, die viele Jahrhunderte lang in Japan bestimmend sein sollte. Alle späteren buddhistischen Lehrmeister Japans studierten unter diesen jahrhundertealten Bäumen. Im Jahr 1571 wurde der Komplex von Oda Nobunaga niedergebrannt, aber viele Tempel wurden wieder aufgebaut. Vorhergehende Seite und unten zwei Ansichten des Kompon-chudo, des von Saicho errichteten Gebäudes mit der von ihm geschnitzten Statue des Yakushi Nyorai, dem Buddha des Heilens.

Vorhergehende Seite bemalte Holzstatue, 1,09 m hoch, Kichijioten darstellend, die Göttin der Tugend und Schönheit (Kyoto, Joruri-ji). Unter den japanischen Göttern der Heian-Zeit ist sie das Gegenstück zur Hindu-Göttin Sri Devi. Die Noblesse in Form und Ausdruck, die lebhaften Farben und die feine Durchformung auch des bescheidensten Details sind kennzeichnend für den späten Heian-Stil (Ende des 12. Jh.). Diese Statue wurde wie alle anderen Götterbilder dem Publikum nicht sichtbar aufbewahrt.

Unten Ansicht des Toji, des Östlichen Tempels, und ein Standbild aus dem Garten. Im Tempel lebte von 825 an der Mönch Kukai, der Verfechter des esoterischen Buddhismus. Der Name des Tempels rührt von seiner Position zum Rashomon-Tor, das heute zerstört ist. Der Grundriß ist dem der alten Tempel von Nara sehr ähnlich, und trotz des mehrmaligen Wiederaufbaus und der später hinzugefügten Gebäude wurde die ursprüngliche Anordnung beibehalten: Kondo (Hauptsaal), Kodo (Saal de Predigten) und Jikido (Speisesaal) liegen längs einer Achse.

Zwei Ansichten des Toji; links die fünfstöckige Pagode, die höchste und bedeutendste des buddhistischen Japan. Sie wurde 1644 von Tokugawa Iemitsu wiederaufgebaut. Die Pagode, ein im buddhistischen Tempelkomplex stets vorhandenes architektonisches Element, ist die chinesische und japanische Interpretation des indischen Stupa, Reliquiar und Denkmal Buddhas. Unten ein Ausschnitt aus der Bedachung eines der Gebäude; deutlich sichtbar ist die das Dach tragende Struktur mit den kunstvollen Holzverbindungen.

Der Teich des Shinsen-en ist alles, was vom 33 ha großen Garten in der alten Kaiserresidenz der Heian-Epoche übriggeblieben ist. Außer im Daidairi, dem Kaiserpalast und Regierungssitz, hielt sich der Tenno gern in anderen, vom Regierungssitz entfernten Residenzen auf; dazu gehörte Shinsen-en, ein perfektes und viel imitiertes Beispiel für den möglichen Einklang zwischen Natur und Architektur. Heute stehen im Garten von Shinsen-en drei kleine Shinto-Temptel und ein buddhistischer Tempel (unten Innenansicht), der eine Statue des Mönchs Kukai birgt.

Der Wunsch, Natur und Landschaft in ihren vielfältigen und beeindruckenden Aspekten im kleinen Rahmen darzustellen, lenkt den Schöpfer des Gartens, wenn er mit Fantasie und Geschick aus den verschiedensten Elementen, aus Wasser, Bäumen, Felsen, Sand, Steinen, Blumen, seine Kreation schafft. Das Wasser ist immer dabei, es kann in einem Bach fließen oder als schmales Rinnsal einen kleinen Wasserfall über einem alten Stein bilden: hier kann der Besucher seinen Durst löschen und sich reinigen, ehe er die heiligen Stätten des Tempels betritt.

Zwei Ansichten des Gartens, der den Sanzen-in-Tempel in Ohara umgibt, ein Dorf im Nordosten Kyotos, an den Hängen des Hiei-Berges. Von Shiba Hosshi im 12. Jh. entworfen und erbaut, wurde der Garten Ukiyi-en genannt, Garten der Reinen Anwesenheit. Er ist berühmt wegen seiner Farbenpracht im Herbst, wenn das Grün des Mooses und der Büsche mit dem Rot und Gelb des Herbstlaubes wetteifert. Die Liebe zur Natur und der Wunsch, in Einklang mit dieser Natur zu leben, die zwei ureigensten Empfindungen der japanischen Seele, sind die Wurzel einer langen kulturellen Tradition.

Die Buddhisierung des japanischen Volkes begann und entwickelte sich in kleinen Tempeln wie dem Sanzen-in, wo aufgrund der kleinen Räume die Liturgie des Kultes vereinfacht wurde und somit auch vom Volk unmittelbar erlebt und mitvollzogen werden konnte. Die Tendai-Sekte schuf das Nembutsu-Gebet, das in der einfachen Anrufung des Amida Buddha bestand, während der Gläubige über das Paradies, das ihn erwartete, meditierte. Ursprünglich befand sich hier auch eine Einsiedelei für die Adligen, die sich dem Amida-Buddhismus zuwandten, da ihnen der anspruchsvollere Kult des Hieizan zu streng war. Links ein Triptychon des Amida Buddha im Hauptpavillon von Senzen-in; die zentrale Figur, Buddha Amida, ist 2,30 m hoch und wurde im Jahr 985, dem Erbauungsjahr des Pavillons, vom Mönch Eshin, einem der Begründer der Sekte, geschaffen. Die beiden seitlichen Figuren – ein Kannon, Symbol der Nächstenliebe, und ein Seishi Bosatsu, Symbol der Weisheit – sitzen nicht mit verkreuzten Beinen, sondern auf japanische Art. Die Skulpturen sind aus vergoldetem Holz. Rechts Teilansicht des Gartens.

Auf diesen beiden und den beiden folgenden Seiten Teilansichten des Gartens des Jakko-in-Klosters bei Ohara. Dieses Kloster für buddhistische Nonnen wurde berühmt, weil hier die ehemalige Kaiserin Kenreimon-in die zweite Hälfte ihres Lebens verbrachte, nachdem ihr Heer während des Krieges zwischen den Taira und den Minamoto bei Dannoura vernichtend geschlagen worden war. In diesen sommerlichen und herbstlichen Ansichten ist die ganze Melancholie der letzten Jahre der Kaiserin gefangen: der Teich hat die Form des chinesischen Schriftzeichens »shin« für Herz, Seele.

Zwei Beispiele für die religiöse Seidenmalerei der Kamakura-Epoche (1185 – 1333). Unten Monju, die Gottheit der Weisheit aus dem buddhistischen Pantheon, überquert den Ozean auf einem Märchentier. Rechts die Herabkunft des Buddha Amida, begleitet von einer Schar Bosatsu, um die Seele eines Sterbenden aufzunehmen; dieses Thema, mit dessen Darstellung sich ein neuer Kompositionsstil entwickelt – Benützung der Diagonalen und Wiedergabe der Figuren in Dreiviertelansicht – fand durch die Predigten von Honen und Shinran weite Verbreitung.

Auf den beiden vorhergehenden Seiten die zum Teich gerichtete Fassade des Tempels Byodo-in in Uji bei Kyoto und ein Pavillon des Tempels (unten). Ursprünglich stand hier eine zu einem Tempel umgebaute Villa, die von Fujiwara Yorimichi 1052 dem Buddha Amida geweiht wurde. Der Hauptpavillon, »Ho-o-do« oder »Phönixhalle« gibt die Form eines Vogels mit ausgebreiteten Schwingen wieder. Rechts die 2,78 m hohe Statue des Amida Buddha, von Jocho 1053 geschaffen, das vornehmste Werk, das die Fujiwara-Zeit hinterlassen hat.

In der Kamakura-Epoche erlebt die Porträtmalerei eine Blütezeit. Das Porträt eines Verstorbenen war Gegenstand hoher Verehrung während der Begräbnisfeierlichkeiten im Familientempel. Links Kaiser Go-Shirakawa (1128 – 1192) im Mönchsgewand nach seinem Rückzug aus dem politischen Leben. Das äußerst wirklichkeitsnahe Bild wird in Kyoto im Tempel Myoho aufbewahrt. Unten Porträt des Tairano Shigemori (1138 – 1205), Minister von 1162 – 1180, aufbewahrt im Jingo-ji-Tempel in Kyoto.

Unten, rechts und auf den beiden vorhergehenden Seiten Ansichten des Kinkaku-ji, des Goldenen Pavillons, eines der berühmtesten Denkmäler der Muromachi-Epoche (1336 – 1573): Vom Shogun Ashikaga Yoshimitsu als Residenz nach seinem Rückzug vom politischen Leben erbaut, wurde er von seinem Nachfolger Yoshimiki in einen Zen-Tempel umgeformt. Das dreistöckige Bauwerk im japanischen Shinden-Stil, jedoch mit chinesischem Einfluß, ist ganz mit Goldblech verkleidet, dessen Leuchtkraft jedoch nach dem Brand und Wiederaufbau von 1950 etwas zu aufdringlich ist.

Auch der Ginkaku-ji-Tempel (links und unten) stammt von einem Shogun der Ashikaga-Sippe, Yoshimasa. Er wurde 1489 errichtet, ungefähr hundert Jahre nach dem Goldenen Pavillon. Das Bauwerk, kleiner als der Kinkaku-ji, jedoch feiner im Stil, ist das Sinnbild einer erlesenen, ästhetisierenden Kultur. Der Name der Villa Ginkaku, Silberner Pavillon, entstand aus der nie verwirklichten Absicht seines ersten Besitzers, daß Äußere des Gebäudes ganz mit Silber zu verkleiden.

Zwei Ansichten des »Sandgartens« des Ginkakuji, Werk des Gartenkünstlers Soami. Es ist ein Kare-sansui, ein Garten ohne Vegetation, in dem die Landschaft allein mit Hilfe von Felsen, Kies oder, wie in diesem Fall, Sand dargestellt wird. Die Fläche dieses »Mondgartens«, geschaffen um im Mondlicht betrachtet zu werden und die Mondstrahlen zu reflektieren, ist mit geharktem Sand bedeckt, dessen Linien den Wellenschlag eines Teichs imitieren: dieser Garten soll den berühmten »See des Ostens« bei Hangchow in China darstellen.

Im Hintergrund ist der Kogetsu-dai sichtwar, der »Zum Monde gewandte Hügel«, ein kegelförmiger Sandhaufen. Nach japanischer Vorstellung soll das am Sandkegel sich brechende und reflektierende Mondlicht dem Betrachter einen besonders intensiven poetischen und ästhetischen Genuß bereiten, ein leises, wundersames Erstaunen. Einige der Bauwerke des Ginkaku-ji wurden im 16. Jh. zerstört, der Togudo und der Ginkaku sind jedoch unversehrt geblieben.

Auf diesen beiden und den beiden folgenden Seiten Ansichten des Ryoan-ji-Gartens bei Kyoto. Links ein kleines Holzbecken mit dem Wasser für die Reinigung, in der dem Tempel entgegengesetzten Ecke des Gartens gelegen. Der Kare-sansui, der »Garten aus Fels und Kies«, ist Ausdruck eines auserlesenen Ästhetizismus. Die symbolhafte Ordnung von Sand, Kies und Felsen geht auf Pläne zurück, die von den hervorragendsten Persönlichkeiten der Zeit geschaffen wurden, darunter Soami, einem der größten Maler des 16. Jh., und von den Meistern des Zen und des Cha-no-yu, *der Teezeremonie. Der Kare-sansui »entlehnte« sich die natürliche Landschaft jenseits der begrenzenden Mauer und fing ihre Weite in einer kleinen Fläche ein, nur das Wesentliche wiedergebend. Besitzer der zum Ryoan-ji-Garten gehörenden Residenz war Hosokawa Katsumoto, einer der Hauptakteure im Onin-Krieg. Nach dem Tode des Besitzers wurde die Villa in einen Zen-Tempel umgebaut.*

Auf diesen beiden und der folgenden Seite drei Ansichten von drei verschiedenen Gärten des Daitoku-ji, eines aus 23 Tempeln bestehenden, die Zen-Architektur verkörpernden Komplexes, der 1319 von Daito Kokushi begründet wurde. Links eine Ecke des Dokuza Tei, des klassischen Gartens aus Kies und Fels der Muromachi-Zeit. Unten moderner, den traditionellen Regeln entsprechender Zen-Garten im Zuihoin. In diesen Felsgärten, Vertreter einer säkularen künstlerischen Tradition, wechseln sich Sand und Stein mit Kissen aus Moos ab, die dem gesamten Eindruck etwas mehr Weichheit vermitteln.

Von allen Gebäuden des Daitoku-ji ist der Daisen-in, vom künstlerischen Standpunkt aus betrachtet, das wichtigste. Links eine Ansicht des Gartens, der vom Priester Daisho (Kogaku Zenji) 1509 angelegt wurde und als eines der Meisterwerke der Zen-Gartenarchitektur gilt. In dieser naturalistischen und zugleich symbolhaften Darstellung, in ihrer vollendet harmonischen Komposition an die zeitgenössische Tuschmalerei erinnernd, ist das Wasser das fundamentale Element. Es wird durch den »Wasserfall« aus Felsgestein dargestellt, durch den Fensterausschnitt im Hintergrund sichtbar, und durch die Wasserfläche aus Kies, die vom »Schatzschiff«, einem Stein im Mittelpunkt der Komposition, durchpflügt wird. Rechts das Schloß von Matsumoto, deutliches Beispiel für die Feudalarchitektur der Momoyama-Zeit; ein Bollwerk der Verteidigung mit Steinstufen, Pagodentürmen und einem Wassergraben, der sich dem angreifenden Feind als erstes Hindernis in den Weg stellt. Ein leichter Einfluß westlicher Schloßarchitektur ist zu verspüren.

Verschiedene Ansichten des Nijo-ji, des von Tokugawa Ieyasu in Kyoto erbauten Schlosses (ab 1602), nahe dem Kaiserpalast. Dieses Schloß, obwohl mächtig und stabil, wurde von den japanischen Shogun nie lange bewohnt, da sie Edo, das heutige Tokyo, als Regierungssitz vorzogen. Das reich geschmückte Eingangstor (links oben) ist im chinesischen Stil erbaut. Links unten der Wassergraben um die Befestigungsmauer. Unten ein Winkel des Nijo-ji-Gartens mit dem von Kobori Enshu 1626 angelegten Teich.

Unten Porträt des Tokugawa Ieyasu (1542 – 1616), des dritten aus der Reihe der Feldherrn, die im 16. Jh. das Schicksal Japans lenkten. Seine Ernennung zum Shogun durch den Tenno im Jahre 1603, drei Jahre nach der großen Schlacht von Sekigahara, bildete den Anfang einer Periode der Einheit und des Friedens. Im Jahr 1605 dankte Ieyasu zugunsten seines Sohnes Iemitsu ab, regierte jedoch insgeheim durch ihn weiter. Er war der Begründer der Tokugawa-Dynastie, die das Land mehr als zwei Jahrhunderte lang, von 1600 bis 1868, regierte.

Die japanische Malerei erreichte in der Momoyama-Zeit (1573 – 1603) einen ihrer Höhepunkte. Wichtigste Bildträger waren die Stellwände und die in Paneele eingeteilten Schiebewände. Rechts zwei Beispiele, oben Pflaum- und Kirschbäume von Kano Eitoku, dem Begründer des Momoyama-Stils, in dem sich die Yamato-e-Tradition, die Tuschmalerei, und Einflüsse der westlichen Malerei verbinden: die einheitliche Komposition ist mit fester Hand zusammengefügt. Unten Kirschblüten (ca. 1591) auf Goldgrund.

Auf den beiden vorhergehenden Seiten die große Audienzhalle im Schloß des Hideyoshi in Fushimi, die von Ieyasu in den Tempel Nishi-Honganji versetzt wurde. Eindrucksvoll die Größe, die der Monumentalität der Schlösser und Paläste jener Epoche entspricht; die Dekoration besteht aus Darstellungen der Natur – Pinien und Kranichen – und Abbildungen berühmter chinesischer Gelehrter. Die Wandmalerei, typisch für die Momoyama-Zeit mit ihrer Vorliebe für prunkvolle Innenräume, erstreckt sich auch auf die zwischen den Tragbalken und der Decke verlaufenden Friese: Darstellungen von Kranichen und Goldwolken.

Zwei Ansichten des Shisendo, der Villa, in der Ishikawa Josan, ein vornehmer Krieger unter dem Kommando von Ieyasu, dreißig Jahre seines Lebens verbrachte. Die Villa, wie eine den Gelehrten und Literaten der Zeit vorbehaltene Einsiedelei entworfen, hat einen kleinen, mit zahlreichen Schätzen versehenen Garten. Oben ein Bambusrohr, das sich mit Wasser füllt und dabei in regelmäßigen Abständen gegen einen Stein schlägt und somit einen kurzen Ton erzeugt, der das Schweigen unterbricht und auf das Verrinnen der Zeit verweist.

In der Malerei der Edo- oder Tokugawa-Epoche (1600 – 1868) zeichnet sich die Rimpa-Schule aus, deren Gründer Tawaraya Sotatsu war (gest. 1643): Künstler und kühner Wegbereiter neuer Ideen, brachte er den Yamato-e-Stil wieder zu neuer Blüte, indem er ihn mit den farbigen und dekorativen Stilformen der Momoyama-Zeit verband. Der Gott des Windes und des Donners (unten), eines seiner Meisterwerke auf einer Stellwand, wird im Tempel Kennin-ji in Kyoto aufbewahrt. Links Tänzerin (17. Jh.) auf Goldgrund, Nationalmuseum, Kyoto.

Inhalt